BENTO PRADO JR.

O PROBLEMA DA FILOSOFIA NO BRASIL

CADERNOS ULTRAMARES

ORGANIZAÇÃO E PROJETO GRÁFICO

Marcos Lacerda, Ana Paula Simonaci e Sergio Cohn

CONSELHO EDITORIAL

André Botelho

Bernardo Esteves

Boaventura de Souza Santos

Evelyn Goyannes Dill Orrico

Fréderic Vanderberghe

José Luis Garcia

Maria João Cantinho

Renato Rezende

Teresa Arijón

Vagner Amaro

ISBN 9786586962581

azougue press |
coordenação geral Sergio Cohn
coordenação editorial
Sergio Cohn — Darien Lamen — Cristián Jiménez Plaza
Brasil | CNPJ 12.272.339/0001-26
Portugal | Oca Editorial NF 515805394
USA | E. Id. 803650511
Chile | Tucán Ediciones RUT 77.369.106-1

A proposta dos Cadernos Ultramares é transpor fronteiras. Não apenas geográficas, com a edição de um amplo panorama do pensamento brasileiro para o público português, mas também entre as áreas do saber, criando uma coleção transdisciplinar, acessível não apenas para leitores especializado, pesquisadores e acadêmicos, como para interessados em geral.

Para isto, os Cadernos Ultramares privilegiam a leveza do ensaio, a "brigada ligeira", utilizando-se de um gênero marcado pela abertura e experimentação, uma forma privilegiada para a proposição e a apresentação de interpretações da cultura e da sociedade. Nos últimos anos, o gênero ensaio tem sido revalorizado como um importante meio de diálogo entre a pesquisa acadêmica e a sociedade.

O Brasil possui uma produção riquíssima de pensamento em diversas áreas, que vão da física à antropologia, da matemática às artes. Os Cadernos Ultramares, ao trazerem importantes textos de alguns dos nossos mais renomados pensadores, sejam clássicos ou contemporâneos, busca possibilitar ao leitor um olhar amplo e qualificado sobre essa produção.

Interessa-nos a constituição de um diálogo entre áreas, de uma conversa aberta que escape das armadilhas do pensamento especializado e do produtivismo acadêmico. Interessa, antes de tudo, a valorização do encontro do leitor com o sabor do texto, do prazer da leitura e da troca livre de pensamento.

apresentação

POR MARCOS LACERDA

Bento Prado Junior foi dos filósofos de maior renome no Brasil. Sua obra é formada por alguns dos livros, ensaios e artigos mais importantes escritos no país, entre a reflexão filosófica densa, a atenção para as questões das ciências humanas, em especial a psicanálise e a antropologia, e a sensibilidade bem destilada para a literatura. A começar pelo livro *Presença e campo transcendental: consciência e negatividade na obra de Bergson* (1989), passando por livros como *Filosofia da psicanálise* (1991), *Erro, ilusão, loucura: ensaios* (2004) e *A retórica de Rousseau* (2008), para ficar em alguns exemplos, nota-se a abrangência temática e, ao mesmo tempo, o rigor e o alto grau de inventividade teórica e imaginação especulativa do autor.

Assim como os melhores de sua geração, lecionou na USP, a Universidade do Estado de São Paulo, foi aposentado de forma sumária pela Ditadura Civil-Militar de 1964, se exilou na Europa, em especial na França, onde conheceu autores como o antropólogo

Pierre Clastres e conviveu com alguns dos principais filósofos do campo intelectual francês. Bento Prado Jr. faz parte também de um contexto riquíssimo e de uma geração de intelectuais brasileiros que atuaram num mesmo momento em São Paulo, caso de autores como Roberto Schwarz, Paulo Arantes, Antonio Candido, Rui Fausto, Fernando Henrique Cardoso e Arthur Gianotti.

Sua obra, cuja linguagem principal se deu através da forma ensaística atravessou campos de saber, como se pode perceber por conta dos livros mencionados e, no dizer acertado do também filósofo Vladimir Safatle pode ser situada "Entre filosofia analítica e pós-estruturalismo francês, entre vitalismo bergsoniano e teoria da consciência de moldes sartrianos: analisando os movimentos de Bento Prado Júnior, pode-se acreditar que ele habita um lugar impossível", ao mesmo tempo em que, a sua maneira, e de forma brilhante: "forneceu uma resposta possível ao problema da especificidade da filosofia em um país como o Brasil"

Para a coleção Cadernos Ultramares foram selecionados os ensaios: "O problema da filosofia no Brasil" (1969), e "Profissão: filósofo" (1980). No primeiro ensaio, o filósofo se propõe a difícil questão: existe uma filosofia brasileira, ou mesmo, em outras palavras, existe algo como uma filosofia nacional, no sentido de tradições do pensamento cuja sistematicidade e sedimentação progressiva nos permitisse pensá-las como parte de um mesmo sistema de pensamento?

Num primeiro momento, Bento Prado, mencionando o monumental estudo de Antonio Candido a respeito da literatura brasileira, *A formação da literatura brasileira*, afirma que não existe algo como uma tradição sistêmica da filosofia feita no Brasil. Em outras palavras, não existiria algo como um sistema autônomo organizado através de um conjunto de obras de referência na filosofia feita no Brasil, como existe no caso da literatura. Neste sentido, embora existam obras notáveis, de alto nível teórico, conceitual e reflexivo, o quadro mais geral aponta para uma tradição muito mais no âmbito de obras de reflexão sobre a produção de ponta das grandes tradições filosóficas do Ocidente, seja alemã, francesa ou inglesa, do que propriamente da criação de um sistema próprio, com sua linhagem própria e expressiva.

Num segundo momento, ele apresenta dois estudos exemplares sobre a filosofia feita no Brasil. Um, de João Cruz Costa, outro, de Álvaro Vieira Pinto. Cruz Costa faz uma abordagem histórica, pensando a presença de aspectos da formação intelectual portuguesa como traço na formação do pensamento no Brasil.

Estes traços podem ser divididos em dois principais: formalismo e realismo de fundo empirista. O primeiro teria conduzido a perspectivas distanciadas da realidade concreta, uma espécie de parnasianismo do pensamento, se é que podemos chamar assim, como se a vida intelectual no Brasil fosse um adorno supérfluo, vivido mais como cultura da distinção social do que como criação de ideias. O segundo, por sua vez, teria conduzido a algo mais interessante — o sentido do saber como experimentação do real na sua dimensão concreta, como realidade social. Este segundo sentido implica uma espécie de salto significativo no pensamento brasileiro, com o deslocamento da atenção para a realidade social brasileira, claro que em contato com o resto do mundo. Como diz Prado Jr.: "Este sistema de oposições define, é claro, não apenas o fio condutor da interpretação do passado, mas projeta também uma concepção da própria filosofia, seu ideal e seu programa. Nesse programa, o trabalho filosófico deve passar necessariamente pela análise crítica da realidade nacional e a reflexão não pode jamais abandonar o seu referente histórico."

No segundo caso, o que faz Vieira Pinto é uma curiosa e engenhosa transposição da questão hegeliana para o tema do subdesenvolvimento, desenvolvimento e nacionalismo, misturada à marxismo e existencialismo. O tornar-se consciente da totalidade e do universal concreto, no caso do intelectual brasileiro, dependeria de saber se situar em relação ao contexto particular e daí extrair a sua singular universalidade. De nada valeria o apelo a um universalismo "abstrato", deslocado da condição social, política e histórica em que o filósofo está inevitavelmente inserido, ou seria melhor dizer, situado. Dar o próximo passo, capaz de superar a limitação da filosofia no Brasil seria, em grande parte, superar o subdesenvolvimento como traço social, político e histórico do país. Para isso, logicamente, o primeiro passo seria a tomada de consciência da situação em que o filósofo está inserido. Definida a situação, o contexto histórico e o lugar no âmbito do sistema capitalista mundial, poderia ser dado o próximo passo. No nosso caso, por conta da nossa condição crônica de subdesenvolvimento e dependência, o filósofo teria que ser uma espécie de "assessor do desenvolvimentismo", atuando para eliminar os obstáculos ao desenvolvimento do país.

O ensaio de Bento Prado Júnior, como poderá observar o leitor e a leitora, busca mostrar as insuficiências dessas duas abordagens, tanto o historicismo culturalista do primeiro, quanto o subjetivismo nacionalista do segundo, reafirmando, em certa medida, o fato da inexistência de um sistema próprio à filosofia brasileira, em comparação com a literatura, como mostrado mais acima. Trata-se, a nosso ver, de um dos ensaios mais aguçados e sagazes a respeito da filosofia no Brasil. Como problema e, ao mesmo, como tarefa do pensamento. Tarefa, diga-se de passagem, que foi muito bem realizada pela sua obra.

O tema do segundo texto, Profissão: filósofo, é a relação da filosofia e a "não-filosofia", o humano dotado de razão, cuja herança é a Grécia antiga e cuja fundação e fundamentação é a Europa Ocidental, e o "irracional", o Universal e o nacional/particular, a humanidade europeia e "outras humanidades", passando por questões como a tensão entre a filosofia e a institucionalidade acadêmica, ou mesmo com qualquer forma de instituição e norma social. Seria a filosofia uma forma de saber autônoma, de nível totalizante, capaz de pairar além – ou aquém – das instituições sociais, da própria sociedade, do mundo "sensível", da experimentação fenomênica, das condições materiais de existência, das positividades dos campos de saber em geral? Ou, ao contrário, a filosofia, assim como qualquer forma de saber, tem que ser exercida como "profissão", do mesmo modo que as outras profissões como "práticas professorais", ou em qualquer outro ambiente institucional com suas bem delimitadas normas e seus bem delimitados espaços materiais de atuação?

Passando por autores como Derrida, Descartes, Condillac, Nietzsche, Rousseau, Husserl, Deleuze numa gênese ao mesmo tempo conceitual e histórica, Bento Prado apresenta as sutilezas e complexidades do tema e da tensão entre saber e institucionalidade, conhecimento e norma social, pensamento e universidade. Mas tudo isso para chegar, pisando em solo concreto, no Brasil, no lugar mesmo de onde fala o filósofo, em São Paulo, na USP, UNESP, PUC, em suma, na história do pensamento no país que, em grande medida, tem a sua própria natureza. Natureza essa que desloca os polos "saber" e "institucionalidade" para "institucionalidade" e "saber", em outras palavras, por aqui a institucionalização do saber veio antes e moldou – e assim foi bom – o saber. Neste sentido, o texto termina com um elogio à institucionalidade, à universidade como instância de produção e re-produção do saber culto, no sentido de cultivado e bem sedimentado. Mas, para manter a complexidade e as sutilezas do tema, o saber não-institucional, não professoral, "sem profissão", também viceja entre nós, o que o permite no final recolocar os termos da epígrafe de Kant: "Só a cultura escolar é séria, mas a cultura livre é o mais belo dos jogos".

O PROBLEMA DA FILOSOFIA NO BRASIL[*]

Falar sobre a filosofia no Brasil é tarefa particularmente embaraçosa. Poderíamos definir esta dificuldade em termos aristotélicos: como saber *o que é* uma coisa, se não sabermos ao certo *se ela é*? A esta dificuldade fundamental soma-se outra, mais geral, relativa ao próprio sentido da noção de *filosofia nacional:* não

* Este texto foi publicado, em tradução italiana, em Aut-Aut, Rivista di Filosofia e Cultura, nº 109-110, Milão, 1969. Mais recentemente(numa conferência proferida no campus de Araraquara da UNESP, a qual não cheguei a dar forma literária final) tive oportunidade de nuançar muito meu comentário à obra do mestre João Cruz Costa. Hoje, sem dúvida, não mais poderia reconhecer-me no páthos "estruturalo-gauchista" de bom tom no ano de 1968, e minha crítica de então aparece-me hoje antes como um confirmação da acuidade do "golpe de vista" histórico de Cruz Costa, para usar a linguagem de Paulo Eduardo Arantes e para a qual eu era cego na ocasião. Se me permito publicar, tal e qual, o texto de 1968, sem acrescentar a indispensável revisão e autocrítica, é porque o mesmo Paulo Arantes acaba de publicar um ensaio ("Cruz Costa e herdeiros nos idos de 60") na revista Filosofia Política, nº 2, onde comenta tanto o meu texto da Aut-Aut como a reformulação posterior de minha atitude. As críticas de Paulo Arantes a meu primeiro texto, que endosso integralmente, dispensam, de minha parte, o prolongamento imediato da discussão.

está, nesta noção, essencialmente, prejudicado o ideal de universidade inerente à filosofia? Certamente houve, e ainda há, historiadores preocupados em recortar a história do pensamento segundo as fronteiras dos "espíritos das nações". A tarefa do historiador consistiria, dessa perspectiva, em ultrapassar a diversidade dos estilos e dos temas que separa aparentemente os pensadores e as gerações, em direção de uma "visão do mundo" mais ou menos constante. Não cabe aqui a discussão da pertinência desta perspectiva: indica-mo-la para abandoná-la em seguida. O que nos interessa nela é apenas o *contraponto* para atribuir um sentimento mínimo e provisório à noção de filosofia nacional e situar corretamente a área da questão relativa à filosofia do Brasil.

A ideia de filosofia nacional recobre habitualmente dois preconceitos nem sempre discerníveis: um preconceito psicologista e um preconceito historicista. A filosofia é aí pensada como a *expressão de* uma alma ou de um espírito cuja natureza permanece inalterada ao longo da História. É a identidade do espírito que garante a continuidade da História e que faz com que as várias filosofias pareçam suceder-se dentro de um mesmo tempo, como as frases sucessivas de um único discurso. A ênfase no eixo diacrônico e a tese da expressão estão intimamente entretecidas na raiz da ideia de filosofia nacional. Mas, na cumplicidade entre esses pressupostos, o que se perde é a autonomia da história da filosofia e a natureza do próprio discurso filosófico: a filosofia apenas exprime algo que a precede e não podemos distingui-la jamais da mera ideologia.

Significa isto que todo estudo de uma cultura nacional seja necessariamente historicista e psicologista? Certamente não, e a prova disto pode ser encontrada na própria bibliografia relativa à história da cultura brasileira. Referindo-nos à *Formação da Literatura Brasileira* de Antonio Candido e, mais precisamente, aos conceitos que propõe em sua "Introdução". O que nós ai encontramos é o esboço de uma compreensão da literatura brasileira — de sua história e de sua identidade — que se coloca para além das dificuldades do psicologismo e do historicismo. E isto só é possível através da distinção essencial que A. Candido aí estabelece entre a simples *manifestação literária* e a *literatura* propriamente dita. Nesta oposição, a noção de literatura significa algo a mais do que a simples coleção das obras ou das manifestações literárias: ela significa essencialmente um *Sistema*. Nem é, tampouco, a unidade da *língua* que confere sistematicidade a uma literatura. É como se a leitura se localizasse menos na língua que lhe serve de suporte, ou na soma das obras que constituem a sua matéria do que no espaço branco que as articula, separando-as. Há literatura e existe um tal sistema quando ler um autor significa interpretar a distância que o separa dos demais, Não é, assim, uma "alma nacional" que se exprime nesse sistema — é, ao contrário, nele que os indivíduos e os grupos interpretam e reinterpretam suas "almas". Antipsicologista, esta perspectiva é também anti-historicista: é só no interior de um sistema sincrônico desse tipo que a história assume sentido positivo e que a diacronia se torna inteligível. É só quando se estabelece um sistema desse tipo que é possível a:

> (...) formação da continuidade literária — espécie de transmissão da tocha entre corredores, que assegura no tempo o movimento conjunto, definindo os lineamentos de um todo[1].

É essa distinção ou esta atitude que permite, por exemplo, a A. Candido, ao contrário da rotina dos manuais, datar a instauração da literatura brasileira, a iniciar a sua história real a partir de meados do século XVIII.

1 Antonio Candido, *Formação da Literatura Brasileira*, São Paulo, Livraria Martins, vol. 1, p.18.

Se nos voltarmos, com o mesmo espírito, da literatura para a filosofia brasileira, a nossa conclusão será diferente: o seu registro de nascimento ainda não foi lavrado. Há obras, é certo, e nenhuma "escola" filosófica, provavelmente, deixa de estar representada nas "manifestações filosóficas" de nosso país. Sem diminuir o interesse dessas obras — pois há notáveis -, cabe assinalar que resenhá-las não implicaria nenhuma informação para o leitor europeu; sem contar com o fato de que um "panorama" dessa ordem não caberia nos limites de um artigo. Aqui *também* se faz marxismo, fenomenologia, existencialismo, positivismo etc.: mas, quase sempre, o que se faz é *divulgação*. Essas obras e esses trabalhos não se organizam no tempo próprio de uma tradição, nem se articulam no interior de um sistema próprio: é de fora, sempre, que lhe vem a sua coesão. E é por isso que um historiador das ideias no Brasil afirma que o pensador brasileiro, mantendo a sua postura de consumidor, conserva ainda os traços de Macunaíma, o curioso personagem do romance de Mário de Andrade:

> Macunaíma trata de fartar-se de todas as comezainas, de todas as frutas. Fala de indumentária, mas veste-se pouco (...) canta todas as canções e dança todas as músicas. É

o herdeiro ladino mais ignorante de todas as culturas, todos os instintos.

II

É incontestável, assim, que não há no Brasil um conjunto de obras filosóficas que componha um sistema ou uma tradição autônoma. Mas, justamente por isso, talvez possamos falar de uma experiência particular da filosofia no Brasil, que tem essa carência como horizonte. Talvez, a maneira mais adequada de descrever a situação da filosofia do Brasil seja a de mostrar como os pensadores assumem essa carência da cultura nacional e como interrogam, através dela, a possibilidade de sua própria filosofia.

Talvez pudéssemos caracterizar inicialmente essa experiência como a experiência de uma temporalidade invertida: nela a reflexão precede a percepção, a filosofia precede a própria filosofia. Aqui, a coruja de Minerva levanta voo ao amanhecer. Isto quer dizer que a consciência do vazio cultural faz com que até mesmo o historiador das ideias tenha uma preocupação essencialmente prospectiva: o que ele busca no passado são os germes do que ele acredita que a filosofia *deve ser* no futuro. É como se tentássemos, na inspeção de um passado não-filosófico, adivinhar os traços de uma filosofia que está por vir. Nessa busca do tempo perdido, há algo de patético, algo como uma Nação à procura do seu próprio "espírito". Adiante, procuraremos mostrar o equívoco que acreditamos encontrar na raiz das tentativas desse tipo — por ora, limitamo-nos a expô-las.

Muitos são os estudos sobre a filosofia no Brasil e cada um traz consigo não só uma imagem diferente do que foi a história de nosso pensamento, como também uma ideia diversa da natureza da própria filosofia e das tarefas do filósofo num país subdesenvolvido. Na impossibilidade de traçar um mapa completo de todos os trabalhados dessa área e conscientes da injustiça de não lembrar outras tantas tentativas significativas, deter-nos-emos na consideração de duas obras típicas: a de João Cruz Costa e a de Álvaro Vieira Pinto[2]. Embora os estilos sejam radicalmente opostos

2 João Cruz Costa, antigo professor de Filosofia da Faculdade de Filosofia da Universidade de São Paulo: referimo-nos, neste artigo, particularmente a seu livro Contribuição à História das Ideias no Brasil (O desenvolvimento da filosofia no Brasil), (São Paulo, José Olympio). Álvaro Vieira Pinto, antigo professor de Filosofia da Universidade Federal do Rio de Janeiro, foi também responsável pelo departamento de Filosofia do Instituto Superior de Estudos Brasileiros do Ministério da Educação e Cultura; referimo-nos aqui especialmente o seu livro *Consciência e Realidade Nacional* (ISEB, 1960).

e recorram a métodos diferentes, os dois autores colocam, em última instância, como veremos, o mesmo problema: que é a que deve ser a filosofia no Brasil? Um pouco da "atmosfera", pelo menos, da filosofia em nosso país poderá ficar patente através da resenha desses ensaios:

1. Nas obras de João Cruz Costa, o exame da filosofia brasileira é feito sob o signo de *historicismo*, do qual não podem escapar, segundo ele, mesmo aqueles que o contestam. A caracterização da natureza do pensamento brasileiro, o desenho de seu perfil atual, só é possível, nessa perspectiva, através da recuperação de sua *origem*. É assim o legado colonial que serve de matriz primitiva para esse pensamento e é a sua estrutura que governa nossa experiência e explica as contradições de nossa aventura intelectual. A história do pensamento no Brasil passa então a ser interpretada como a história da domesticação de uma nova experiência pelas *formas* oferecidas pela cultura portuguesa.

Mas qual é a experiência da filosofia que a herança lusíada prefigura ou propicia? Essa herança é descrita, inicialmente, de maneira negativa e aparece, antes de mais nada, como *obstáculo* à filosofia. Pois é exatamente no momento quem se inicia a colonização do Brasil que os jesuítas e a Contra Reforma fecham o pensamento português ao sopro de renovação que atravessa a Europa e que viria a instaurar o pensamento e a ciência moderna. É o humanismo formalista e livresco dessa nova escolástica que domina e cristaliza a cultura da metrópole e que estende a sua hegemonia à nova colônia.

> O humanismo artificial, que foi infligido a Portugal, impressionou com tal força a sua inteligência que alguns de seus traços se notam ainda na nossa: o formalismo em que esta ainda se debate, vem — cremos — dessa origem. A retórica, o gramaticismo, a erudição livresca são traços que herdamos da formação, dita humanista, derivada do século XVI português[3].

Transplantado para os trópicos, esses escolasticismo assume feição nova e o seu formalismo se torna tanto mais radical quanto se destaca sobre o fundo da nova paisagem. O *desenraizamento* e a *alienação* peculiares dessa atitude persistem, segundo João da Cruz Costa, até nas produções contemporâneas, sob a forma do entusiasmo pelo jargão esotérico da última filosofia da moda. Aí já temos os traços fundamentais

3 João Cruz Costa, *Contribuição à História das Ideias no Brasil*, p.36.

de uma espécie de psicossociologia do pensador brasileiro: é na fascinação pela retórica da filosofia que ele esquece e esconde a sua condição real e é com palavras que constrói o seu palácio imaginário. E é a própria cultura que deixa, assim, de ser instrumento de decifração da experiência e de crítica, para tornar-se *qualidade*, marca de privilégio ou de distinção de classe, para transformar-se em realidade camuflada. É praticamente, apenas em meados do século XIX e, mais profundamente, depois da primeira guerra mundial que começa a ser usada, não apenas como campo de *rêverie* do exilado no trópico, mas como forma de crítica da realidade brasileira. Essa mutação e, aliás, contemporânea do surgimento da preocupação com a "realidade brasileira": segundo João Cruz Costa, o espírito livresco e formalista só começa a entrar em recesso quando a filosofia se volta para sua radicação histórica e o filósofo liga a sua tarefa teórica aos destinos da Nação.

Mas nem tudo, na herança colonial, é formalismo e obstáculo ao pensamento crítico. Mesmo a libertação do espírito livresco acha-se prefigurada na matriz do pensamento português. Reportando-se à história da cultura portuguesa, João Cruz Costa lembra o realismo e o pragmatismocomo características que nem a pedagogia jesuítica conseguiu apagar inteiramente:

Desde muito cedo, pois, o pensamento português se apresentou marcado por uma finalidade prática. Ele gravitará em torno de uma problemática realista, de objeto preciso, limitado, concreto. O sentido do útil, do imediato é o que de preferência aí transparece. É como dirá o poeta João de Barros: "o terrestre amor das realidades humanas, o profundo sentido realista da existência". Não fugiu a este sentido prático da existência o próprio jesuíta[4].

É este pragmatismo originário que nos convida a mudar a estratégia da nossa leitura: é preciso "descascar" as obras filosóficas para ler o seu sentido verdadeiro. Por debaixo de sua linguagem universalizante e de sua aparente intenção teórica é preciso desenterrar a intenção prática imediata e a referência a uma situação histórica precisa. Mesmo quando a sua linguagem é celeste, esse filosofia fala do sólido mundo terreno: o que implica que a única leitura possível dessas obras é a leitura *ideológica*. É o pragmatismo lusitano, que se perpetua na vocação essencialmente política e ideológica, que João Cruz Costa rastreia ao longo da história das ideias no Brasil.

4 João Cruz Costa, op. cit., p. 438.

Como interpretar, dessa perspectiva, o sentido do êxito do ecletismo na primeira metade do século XIX brasileiro? João Cruz Costa no-lo apresenta como a ideologia exigida pela circunstância peculiar ao Segundo Império. Nos discursos do Frei Francisco de Mont'Alverne, no elogio de Cousin - que, segundo o "verbosíssimo frade", "se levantou como um Deus, no meio do caos", e "reconstruiu a filosofia, apresentando as verdades, de que o espírito humano esteve sempre de posse" -, o que se estabelece e, na realidade, a justificação teórica das necessidades políticas da classe dominante no período que vai da abdicação de Pedro I até a Maioridade de Pedro II. A "paz filosófica" instituída pelo ecletismo é o fundamento da "paz política" desejada pelos moderados, cujos interesses estão expressos na frase de um político da época: *Nada de excessos. Queremos a Constituição, não queremos a revolução".*

Da mesma maneira, quando na segunda metade do século XIX o surto do positivismo, do spencerismo e do evolucionismo, permite uma revisão global de todas as áreas da cultura nacional, ele exprime a presença de uma nova consciência política: essa renovação intelectual corresponde às primeiras tentativas da burguesia para assumir o comando econômico e político da nação. É nos seguintes termos que João

Cruz Costa caracteriza, por exemplo, o fundamento histórico da difusão do positivismo:

Deste modo, na segunda metade do século XIX, ao mesmo tempo em que se acentuava o antagonismo econômico entre os tradicionais burgueses, proprietários de terra — que governavam o país como se governassem suas fazendas —, e os representantes de nossos interesses, acentuava-se também a simpatia pelas ideias novas que as transformações havidas desde os princípios do século haviam posto em circulação. A partir de 1870, esta nova burguesia assume papel de importância sobretudo no setor intelectual. É dessa burguesia, formada por militares, médicos e engenheiros — mais próximos das ciências positivas, graças à índole de suas profissões — que irá surgir o movimento positivista no Brasil. Alguns dos que irão aderir ao movimento são homens desiludidos do ecletismo espiritualista que se ensinava entre nós e que se confundia com uma retórica palavrosa e inútil (...) São homens que se voltam para a ciência e que nela creem encontrar resposta satisfatória e soluções definitivas para todos os problemas. Em outros, ajunta-se ainda o antagonismo que se estabelecia entre as crenças religiosas tradicionais e as tendências republicanas as quais haviam dado a sua adesão[5].

Se examinarmos globalmente a interpretação que Cruz Costa nos oferece da história das ideias no Brasil, verificamos que ela é comandada essencialmente por uma dialética que opõe formalismo a realismo, especulação a pragmatismo, transoceanismo a radiação da cultura nacional, metafísica a crítica social. Este sistema de oposições define, é claro, não apenas o fio condutor da interpretação do passado, mas projeta também uma concepção da própria filosofia, seu ideal e seu programa. Nesse programa, o trabalho filosófico deve passar necessariamente pela análise crítica da realidade nacional e a reflexão não pode jamais abandonar o seu referente histórico, sob a pena de transformar-se em mero galimatias. Necessidade que se revela de maneira mais que evidente nas Américas:

A inteligência nos países americanos — como escreve Alfonso Reyes — não teve tempo de romper com os estímulos da ação, como acon-

<hr>

5 João Cruz Costa, op. cit., p. 142-143.

teceu nos países de velhas civilizações, nos quais podem edificar-se torres de marfim e teorias extravagantes, segundo as quais o homem de pensamento que participe da vida de seu século tem que ser um clérigo traidor.
Para nós, a filosofia autêntica sempre esteve ligada à ação. Tinha razão, pois, a nosso ver, Clóvis Bevilácqua quando dizia *que se algum dia pudermos alcançar mais significativa produção filosófica, ela não surgirá dos cimos da metafísica*[6].

Não é, assim, uma infelicidade que a inteligência americana não tenha rompido com os "estímulos da ação": o que João Cruz Costa aponta, através das palavras de Alfonso Reyes, é que na juventude da civilização americana podemos encontrar algo a mais do que uma simples imaturidade. O que ocorre aqui é uma súbita inversão, no qual o simples negativo passa a positivo: o que era pensado como carência e vazio cultural passa a ser pensado como liberdade diante do peso da tradição. A metafísica — ruptura com os estímulos da ação ou *esquecimento da origem* —, fruto de uma consciência serva da tradição, dificilmente pode

6 João Cruz Costa, op. cit., p. 442.

florescer no novo continente. Se "para nós a filosofia autêntica sempre esteve ligada à ação", podemos estar seguros de que dificilmente cairemos nas ilusões das "teorias extravagantes" que encerram o filósofo numa torre de marfim.

Se acompanharmos, assim, o movimento de análise de João Cruz Costa, na passagem da sua reconstrução da história das ideias no Brasil à ideia de filosofia que nos propõe, verificamos que o pragmatismo herdado da cultura portuguesa vem finalmente transformar-se numa filosofia *engagée,* que não quer esquecer a sua radicação na *práxis.*

2. Embora num estilo inteiramente diverso, a obra de Álvaro Vieira Pinto visa o mesmo problema. Aqui também a discussão da especificidade do pensamento brasileiro parte da consideração da radicação histórica da filosofia e de sua eficácia política. Aqui também encontramos a formulação de um projeto essencialmente prático: a filosofia no Brasil não deve ser a mera reprodução da metafísica europeia, ela deve transformar-se numa forma autônoma de compreender e de dirigir o destino da nação. Mais do que isso, a condição de consumidor de cultura e de filosofia, que caracteriza o pensador brasileiro, é aí diretamente interpretada em termos políticos: o subdesenvolvimento econômico e a dependência cultural se superpõem e a filosofia europeia assume a fisionomia do imperialismo. Assim como o judeu ou o negro para Sartre, o pensador brasileiro deve, para Álvaro Vieira Pinto, assumir a sua "brasilidade" para atingir a sua "autenticidade", para passar da condição de "objeto" à condição de "sujeito" autônomo, da alienação à liberdade. Os laços que unem o pensamento nacional ao pensamento europeu são aqueles que definem a dialética do Mestre e do Escravo.

Como já se pode adivinhar, agora não mais nos encontramos diante da tentativa de caracterizar o pensamento brasileiro através do exame da história das ideias. Aqui, se se pode falar de uma "história", encontramo-nos diante de uma história "pura", diante de uma espécie de Fenomenologia do Espírito. Não se trata de descobrir o estilo de um pensamento através da análise das obras em que se objetivou, mas de traçar a dialética que deve percorrer a consciência no "elemento" de uma cultura dependente. Não é mais o historicismo que fornece a perspectiva de Álvaro Vieira Pinto, mas um hegelianismo interpretado à luz da filosofia contemporânea, saturado de existencialismo e de marxismo.

O hegelianismo transparece no projeto de examinar o problema da filosofia no Brasil à luz de uma teoria da gênese da consciência: do movimento que a conduz das trevas da passividade à compreensão clara e à dominação da *totalidade*. Consciência e Totalidade, tais são as categorias a que recorre Álvaro Vieira Pinto para descrever a odisseia do pensamento nacional, o itinerário que o conduz de sua primitiva alienação à autonomia a que começa a ter acesso. Como em Hegel, a consciência é apenas o *lugar* onde a "substância" pode tornar-se transparente para si mesma, ela não é exterior ao Ser ou ao Todo de que é consciência. Mas, aqui, a "substância" é a Nação que, na situação do subdesenvolvimento, permanece opaca a si mesma, incapaz de alçar-se ao nível do Saber; o tema real deste discurso é o subdesenvolvimento especulativamente definido como inadequação entre o *em- si* e o *para-si*.

Mas, nesta dialética, na qual a noção de Ser foi substituída pela ideia de Nação, a tarefa da mediação não pode ser desempenhada pelo *conceito*. A mediação ou a reconciliação entre o em-si e o para-si, entre a verdade objetiva e a certeza subjetiva, entre a realidade nacional e a consciência política que lhe corresponde, só pode ser desempenhada por uma *ideologia*, pela ideologia *do desenvolvimento*. Nesta ideologia, em que os *interesses* da nação com um todo vêm à luz, é a própria nação que realiza o seu destino e se encarna como *universal concreto*:

Existencialmente, a nação é sempre singular e concreta. Logo é mera exigência abstrata e sem sentido real, pedir ao filósofo que pense em geral, ou seja, de modo válido indistintamente, a realidade histórica. Não lhe é dado conceber a realidade senão fundando-se no ponto do espaço e na época em que viva; por isso, perde todo senso a exigência de universalidade abstrata, só se justifica a pretensão de universalidade concreta. Desde que a nação a qual pertenço é única, pois para mim não há outra, é por isso mesmo universal. É o universal concreto[7].

Mas, através desta nova versão da ideia hegeliana de *Universal Concreto* nós deslizamos para fora do universo hegeliano: ela nos conduz para uma filosofia de tipo existencial, em que é essencial a tese da *finidade da consciência*. Pois se a nação é universal porque "para mim não há outra coisa", essa universalidade também é para mim, isto é, repousa da *finidade da minha perspectiva*. O que se pensa, aqui, portan-

<hr>

7 Álvaro Vieira Pinto, *Consciência e Realidade Nacional*, vol. 2., p. 361.

to, sob o nome de "universal concreto" é, em última instância, a noção de *situação*, tal como definem os filósofos da existência. A recusa da universalidade abstrata não significa aqui a substituição da perspectiva do *Verstand,* do entendimento "separador" pela *Vernunft,* razão totalizadora e absoluta, mas a substituição da perspectiva objetivista da *explicação* pela perspectiva da *compreensão.* O concreto não é mais, também, o objeto do saber conceitual que percorreu a totalidade das mediações, mas é o objeto de uma experiência vivida: o concreto emigrou do campo do *Logos* para o domínio do *Lebenswelt.* O grande adversário da "ideologia do desenvolvimento" seria aquilo que Merleau-Ponty chamava de "*la pensée de survol*" e a tarefa do pensador, que promove essa ideologia, é a de fazer o pensamento coincidir com o "ponto-de-vista nacional":

> A consciência ingênua (aquela que não coincide com o ponto-de-vista concreto e vê a nação "de fora") (...) não problematiza a realidade nacional, que lhe aparece como facilmente redutível aos conceitos de que dispõe, geralmente recebidos da maneira tradicional de julgar. A consciência critica, porém, considera-se um desafio, a que cumpre responder,

mas, e isto é o que a caracteriza, para fazê-lo,
serve-se da lógica que induz da própria realidade onde se oferece tal problema. Ora, essa
lógica, como tivemos ocasião de indicar, não
é nem formal nem abstrata, antes é a forma
e a lei da reflexão que abrange e exprime o
mundo a partir de um contexto histórico e
social definido, mais concretamente ainda,
de um ponto-de-vista nacional, aquele a que
pertence o pensador[8].

Mas esse *glissement* das significações, que nos conduz da dialética hegeliana à compreensão existencial,
da objetividade do conceito à subjetividade da consciência, não é o último: a dialética da consciência, não
é o último: a dialética da consciência finita vem finalmente superpor-se a uma dialética *materialista*. Pois,
a realidade de que se fala e que a consciência nacional
deve recuperar e interiorizar é, finalmente, *o processo
da produção.*. A liberdade a que essa consciência pode
ter acesso, ao eliminar a sua "ingenuidade" ou a sua
alienação, é a liberdade do *planejamento de sua vida
material.* O filósofo não é mais aqui o *funcionário da
humanidade*, que deve tornar possível a tomada de

8 Álvaro Vieira Pinto, op. cit., vol. 1, p. 214.

consciência radical do sentido da experiência humana em sua totalidade: ele é o *assessor de um governo "desenvolvimentista".* A tarefa do filósofo não é outra senão a de destruir os obstáculos ideológicos que se opõem ao desenvolvimento.

Mas, nesta superposição de perspectivas filosóficas diversas, é a dimensão da existência que acaba por ser privilegiada: pois a dialética da "realidade nacional" tem sempre sua raiz num *projeto,* isto é, numa dialética da consciência. Não se busca aqui a dialética que engloba ou dissolve as estruturas objetivas que comandam a existência material, mas aquela dialética interna através da qual a consciência crê poder coincidir consigo mesma e, como Narciso diante de sua própria imagem, recuperar o Mundo no silêncio de sua intimidade. A constituição da filosofia "nacional", mesmo estando ligada a uma tarefa essencialmente política, teria algo da ternura com que uma subjetividade complacente se descobre e se fascina pela sua incrível identidade.

III

Como pensar estas duas maneiras de situar o problema da filosofia no Brasil e da ideia de filosofia que nos propõem?

1. No caso de Álvaro Vieira Pinto, como vimos, a filosofia é pensada simultaneamente como *expressão* e como *crítica* da "realidade nacional". Mas é justamente a simultaneidade desses dois traços que torna difícil esta ideia da filosofia. Pensá-la como expressão significa dissolvê-la sobre o fundo da pré-história, recusar-lhe a autonomia da teoria. A filosofia nada mais é, assim, do que uma formulação mais refinada daquilo que já está presente no nível da experiência e não representa nenhuma ruptura radical em relação ao senso comum. Álvaro Vieira Pinto descreve, é verdade, a conversão da "atitude ingênua" na "consciência crítica", e sabemos que a filosofia é, para ele, essa conversão. Mas a oposição aí estabelecida é mais de natureza ética ou existencial do que de ordem epistemológica: trata-se antes de uma rejeição tal como a que se pode estabelecer entre a autenticidade e a inautenticidade, do que da relação que se estabelece entre ciência e percepção. O que é essencial , é que não se define o estatuto *teórico* da filosofia e que não se pode distingui-la da ideologia. De resto, a indistinção entre teoria e ideologia é explicitamente assumida por Alvaro Vieira Pinto. Não se trata, apenas, de reconhecer que o discurso filosófico é susceptível de um uso ideológico ou de que todo conceito, na medida em que mergulha na prática social, se transforma em instrumento: trata-se de afirmar que a filosofia não deve aspirar a outro destino, que ela *deve* ser ideologia.

Mas não se trata, apenas, de uma superposição que torna problemática a concepção da filosofia: a própria noção de ideologia se torna ambígua. Ela não mais significa a consciência deformada ou interessada que os indivíduos e os grupos podem ter da realidade social, em virtude de sua própria posição no interior da sociedade: ela significa, também, uma forma de consciência privilegiada, algo como uma subjetividade "boa" ou eficaz. Não que não se possa falar de uma ideologia ou de uma forma de consciência privilegiada — basta pensarmos no caso do marxismo — mas, no caso do marxismo, o privilégio é justificado (ao menos é essa sua pretensão) de maneira objetiva e científica, o que garante a distância entre ciência e ideologia. É a superposição entre a teoria marxista da ideologia e a psicologia existencialista da autenticidade que dá forma a essa concepção peculiar de ideologia que encontramos na obra de Álvaro Vieira Pinto. É dessa superposição que derivam as dificuldades implícitas na sua definição e que envolve a combinação, em seu recesso, de voluntarismo e espontaneísmo, impulso e operação, tendência e programa. É o que aparece, por exemplo, no simples projeto de "construir uma ideologia": que se "construa" uma teoria, ou que se analise uma ideologia é coisa compreensível: mais bizarra parece ser a ideia de elaborar uma visão não-científica da realidade.

Mas todas essas dificuldades derivam, em última análise, do fato de que é uma metafísica da consciência que encontramos na obra de Álvaro Vieira Pinto: uma filosofia que é incapaz de distinguir entre a consciência, pura e simples, e o conhecimento. A ênfase no polo da consciência Aí aparece com a função de abandonar a metafísica objetivista eu empirismo que se denuncia, com justiça, nas raízes de certos trabalhos na área das ciências humanas. Mas, como já observou um crítico agudo do livro de Álvaro Vieira Pinto, é o próprio ideal da objetividade e de racionalidade que se abandona quando se mergulha no "perspectivismo" protagórico que, desdenhando a universalidade "meramente formal", só reconhece a substancialidade da "verdade-para-a-consciência-nacional"[9].

> Arrogando-se o direito de constituir uma "ló-
> gica" particular e apropriada a cada situação
> dada, não se recusa apenas a universalidade

9Referimo-nos ao ensaio crítico de Gérard Lebrun: "A 'Realidade Nacional' e seus equívocos", de que nos utilizamos largamente neste artigo.

"abstrata" da lógica formal, é a própria ideia de universalidade que entrou em férias. Da inseparabilidade da teoria e da prática, chega-se à possibilidade de alterar as categorias segundo as exigências da prática atual, de adotar as categorias "que nos convêm..." Marx, porém, não é Protágoras. Quando induz suas próprias categorias a partir da análise de uma formação socioeconômica dada, apresenta-as como universais. Se esta universalidade não tem mais o mesmo conteúdo que o da lógica formal, guarda ainda o mesmo sentido. Se agora se afirma que as categorias do pensamento universalista devem ser adaptadas a cada realidade nacional e a cada um de seus momentos, então é preciso dar exemplos desta adaptação; distinguir antes de tudo os conceitos heurísticos das ciências humanas e os conceitos ideológicos puros. Pois a palavra "adaptação" terá sentido diferente quando se tratar: a) da teoria aristotélica do juízo; b) do teorema de Fermat ou do princípio de Carnot; c) da teoria marxista do valor ; d) da intuição bergsoniana. Cabe ao leitor decidir em que casos a adaptação é absurda, é fecunda ou inútil. Na ausência destas distinções, a "consciência crítica" arrisca-se a cair no subjetivismo[10].

Mas não é apenas o conhecimento racional e a *teoria* — análise científica ou crítica filosófica — que perde seu estatuto ou sua especificidade no interior deste subjetivismo. O mesmo, poderíamos dizer, ocorre com a prática política, embora esta filosofia tenha essencialmente a preocupação de fundamentá-la. Pois, se a consciência "autêntica" é uma consciência *nacional,* se a nação é um universal concreto, a essência da política emigra para o espaço que *separa* as nações, nas suas relações de dependência ou de contestação: esses "organismos" desconhecem toda contradição interna. Toda crise interna só poderá ser entendida como a interiorização da relação de subordinação que a nação suporta em relação ao exterior e uma ideia como a de *classe social* não pode receber significação política essencial. Assim como reduzir o conhecimento à mera tomada de consciência, esta metafísica reduz a política à técnica do desenvolvimento.

2. Na obra de João Cruz Costa não encontramos a exposição de uma metafísica assim discutível e sim

10 Gérard Lebrun, "A 'Realidade Nacional' e seus equívocos", Revista *Brasiliense*, nº 44, p.49.

uma minuciosa história das ideias. Mas nem por isso essa história deixa de implicar uma séria de pressupostos de natureza filosófica. E é precisamente a natureza dessa filosofia implícita — do historicismo a que já aludimos — que deve ser analisada e discutida.

O pressuposto básico desta exegese do pensamento brasileiro é o da permanência, através do tempo, de um mesmo horizonte — a história que descreve e, em última instância, a história de uma *mesma* experiência, interpretada por uma *mesma* consciência. As mudanças que aponta se inscrevem sobre o fundo unitário de um mesmo processo ou de um mesmo progresso. É por isso que podemos reconhecer nessa história — embora sua matéria seja antes a ideologia do que a ciência — a marca de Léon Brunschvicg, que foi seu mestre. Mas é justamente o caráter unitário que se acredita descobrir na história da Razão ou da Consciência que é susceptível de discussão: e que seria oportuno contrapor, ao modelo de Brunschvicg, aquele proposto nas análises da história do pensamento feitas por G. Canguilhem. Pois é nessas análises que a ideia de progresso ou de enriquecimento é substituída pela ideia de descontinuidade e transformação. É aí que se percebe que:

> *L'histoire des "idées" ou des "sciences" ne
> doit plus être le relevé des innovations, mais
> l'analyse descriptive des différentes transfor-
> mations effectuées*[11].

Mas qual é a necessidade de substituir uma perspectiva pela outra? O que é que nos impede de manter a perspectiva de uma história linear das ideias ou das ciências? O que se perde, dessas perspectiva, é a heterogeneidade dos *campos epistemológicos* nos quais gravitam os diversos discursos e onde eles vão buscar as suas regras de formação. Sem a descrição desse horizonte, não é possível sequer a interpretação ideológica. Tomemos um exemplo concreto: o conselheiro de D. João VI, Silvestre Pinheiro Ferreira, polígrafo português que permaneceu no Brasil de 1809 a 1821, e que no Rio de Janeiro pontifica sobre filosofia, desde a Teoria do Discurso até a Cosmologia. Falando da introdução no Brasil, por volta dos últimos anos do século XVIII, de compêndios como o de Antônio Genovesi, João Cruz Costa nos diz que esse manual:

> (...) vai influenciar em certo momento o próprio Silvestre Pinheiro Ferreira, que não se

11 Michel Foucault, *Réponse à une question*, "Esprit", nº 5, mai 1968, p. 857.

dava muito bem com o tenebroso barbarismo dos heráclitos da Alemanha nem com a
fantasmagoria dos ecléticos de França (...)
Cético em relação aos sistemas de filosofia,
inimigo declarado deles, Genovesi estava ta-
lhado a servir ao traço fundamental do espírito do pensamento português, voltado para
a prática, para uma concepção muito terrena
do sentido da filosofia[12].

Será o pragmatismo lusitano que está na raiz desta recusa do "tenebroso barbarismo dos heráclitos
da Alemanha" e da "fantasmagoria dos ecléticos de
França"? Será a psicologia nacional que impede a Silvestre Pinheiro compreender as aulas de Fichte e de
Schelling a que assiste na Alemanha? Com efeito, é
com humor que caracteriza a filosofia desses discípu-
los de Kant:

Nem um só encontramos que não dissesse
que ele só entendia Kant. Por este modo, o
em que todos concordavam é que ninguém o
entendia[13].

12 João Cruz Crosta, op. cit., p. 73.
13 João Cruz Crosta, op. cit., p. 70.

É possível, ao menos, formular uma outra hipótese[14]: não é o pensador português que não compreende o idealismo alemão, e sim o pensador *ilustrado*; não é o filósofo pragmático que recusa esse "barbarismo", é o pensador que não abandonou o campo da *epistéme* clássica (no sentido que Foucault atribui à palavra), que não sabe e não pode movimentar-se no campo aberto pela modernidade. Com efeito, mostrou-se como, na obra de Silvestre Pinheiro, a Gramática Geral, a História Natural, a Análise das Riquezas, a Teoria dos Sinais, enfim, guardam a figura que lhes havia dado o pensamento clássico. Se deslocássemos Condillac de seu tempo eu fizéssemos assistir aulas de Schelling, não poderia ele também pensar no "tenebroso barbarismo dos Heráclitos da Alemanha"?

Mais difícil ainda nos parece interpretar a situação atual do pensamento no Brasil, suas perplexidades e suas contradições, sobre o fundo da matriz fundamental do legado colonial. Certamente não somos capazes de explicitar o horizonte da contemporanei-

---

14 É a hipótese formulada na tese de doutoramento, inédita, de Maria Beatriz Marques Nizza da Silva: *Metodologia da História do Pensamento, (Análise Concreta: o pensamento de Silvestre Pinheiro Ferreira)*. Nesta tese, a autora mostra a solidariedade essencial que une o pensamento de Silvestre Pinheiro à rede do pensamento clássico.

dade como é possível fazer para um pensamento *passado*, e menos ainda de circunscrever, com precisão, os seus pontos críticos. De tudo que se afirmar a esse respeito, poderemos dizer com Foucault?

> *Bien sûr, ce ne sont pas lá des affirmations, tout au plus des questions auxquelles, il n'est pas possible de répondre; il faut les laisser em suspens là où eles se posent em sachant seulement que la possibilité de les poser ouvre sans doute sur une pensée future*[15].

Mas o que podemos dizer é que o legado colonial, ou a "psicologia" do pensador do país subdesenvolvido, não é mais determinante do que a coerção exercida sobre seu pensamento pela "positividade" que visa, pelos conceitos de que lança mão e pelas exigências próprias do discurso que desdobra. São esses elementos que aparecem como regra de suas opções e limite de seu discurso, são essas estruturas que, contemporâneas, proíbem ou libertam uma proposição, que fazem a partilha ente o que deve ser dito eu que deve ser calado. É certo que ele pode e deve pensar seu país e sua história — mas nesse caso o país e a

15 Michel Foucault, *Les Mots et les Choses*, Paris, Gallimard, p. 192

história serão um objeto, como outros, e não uma "estrutura transcendental" ou um *a priori* subjetivo. Pensar de outra maneira é tornar novamente impossível a distinção entre experiência e ciência, entre ideologia e filosofia, é esquecer as exigências mais essenciais da própria filosofia.

IV

Indicamos, no início deste artigo, como a ideia de "filosofia nacional" pode recobrir uma concepção bastante discutível da História da Filosofia, fundada num psicologismo e num historicismo dogmáticos, e, em última instância, numa metafísica da consciência. Mas, quando a ideia de filosofia nacional deixa de ser um instrumento nas mãos do historiador para transformar-se num ideal ou num programa do próprio filósofo, as dificuldades se multiplicam ao infinito. Esse programa só pode encontrar as suas justificativas fora da filosofia, na *ideologia do nacionalismo*. De um nacionalismo que não se entende como *etapa*, que se detém na preocupação com a *autonomia*, que não suspeita que a autonomia nacional pode exigir mudanças mais radicais, que acredita que ela pode ser promovida através de uma harmoniosa aliança entre as classes: de um nacionalismo, enfim, que parece ter sido desqualificado na história mais recente dos países latino-americanos, em benefício de uma teoria e de uma prática mais radicais.

Talvez a expectativa de uma "filosofia brasileira" esteja, de fato, essencialmente associada a essa perspectiva política, cuja inconsistência veio à luz com o golpe militar de 1º de Abril de 1964. Talvez seja por essa razão, ainda, que a preocupação com a filosofia brasileira ou com a sua história seja tão rara ente as mais jovens gerações de estudiosos de filosofia, os nossos alunos que, há sete anos, alimentados pela literatura do Instituto Superior de Estudos Brasileiros do governo "desenvolvimentista" de Juscelino Kubitschek, exigiam cursos sobre "lógica brasileira", leem hoje preferencialmente Marx e Heidegger, Althusser e Foucault e protestam menos — ou de maneira diferente — contra o caráter "técnico" dos cursos que recebem. Se isto for verdade, a "atmosfera" que procuramos descrever nestas páginas já não será tão atual. Mas as "atmosferas" só se tornam visíveis e descritíveis quando já não são "vividas" sem distância e iniciam o seu eclipse.

PROFISSÃO: FILÓSOFO

A cultura livre é, de certo modo, apenas um jogo, enquanto a cultura escolar é um negócio sério.
Kant

Constituíram-se estabelecimentos para o avanço das ciências que só merecem nossos aplausos. Mas eles não teriam sido necessários, se as universidades tivessem sido adequadas a esse fim.
Condillac

Como escrever não é para eles um ofício, começarão ou cessarão cedo ou tarde, segundo o estímulo os impulsionar.
Rousseau

I

Num confronto raro, reuniam-se há mais de dez anos, na Abadia de Royaumont, filósofos ingleses e continentais. Era, principalmente, o encontro entre os *analytical philosophers* e os herdeiros da Fenomenologia. Nessa ocasião, um dos britânicos presentes ofereceu, obra prima do humor nacional, uma curiosa explicação do que lhe parecia o limite fundamental do pensamento de Husserl: a falta de cerimônia diante da diversidade e da autonomia das ciências positivas. Donde proviria o *droit de regard*: da razão para sobre as diversas formas de conhecimento? Qual a origem dessa pretensão desmedida? Explicação simples: na universidade alemã, a ausência de um refeitório comum aos professores das diferentes áreas, impedia Husserl de cruzar em pessoa (*Leibhaft*) com físicos, matemáticos, químicos, biólogos, etc.. Exprimindo uma certa estrutura da universidade (e com ela uma ideia tradicional do saber e de seu regime), a arquitetura em que esta se desdobra no espaço e o ocupa, teria confinado o pensamento puro à esterilidade da especulação solitária, cortada da substância da experiência comum e do curso do mundo. Cartesiano, Husserl, sê-lo-ia menos por uma vocação intrínseca ou pela teleologia da Razão — seu destino estaria prefigurado e desenhado, desde sempre, na ponta do lápis de um arquiteto perdido já na poeira do passado. A volta à origem seria, de fato, irmã do esquecimento da tradição. Explicação que não deixou de provocar a ira de alguns pensadores europeus, entre os quais, se não me engano, do bom Van Breda. — Só os olhos da carne, mergulhados no pântano e na névoa dos *matter of fact*, poderiam assim subordinar a reflexão fundamental e originária à condições tão brutalmente mundanas.

Trata-se apenas de uma anedota — mas esse fato curioso não deixa de dar o que pensar. A começar, porque nos convida a visar nosso tema de maneira cuidadosa, a passar os termos que a definem do singular para o plural: filosofias e instituições. A própria ideia de universidade passa a distanciar-se de sua raiz — *universitas* — e a acompanhar o destino do múltiplo e do disperso. A dispersão geográfica, no presente, das filosofias e das universidades, cancela a tentação de descrever uma dialética única, um drama entre duas essências de perfil nitidamente desenhado. Ela impede, sobretudo, de formular a questão em termos de pró e contra: defesa da filosofia livre contra a filosofia universitária, defesa da instituição universitária como templo privilegiado do pensamento, — ou ainda apologia das instituições extra-universitárias, essas formas livres do peso da burocracia e da sub-serviência, direta ou indireta, perante os interesses do Poder mais alto.

A diáspora das filosofias e das formas institucionais mostra desde já que, formulada na sua generalidade, a questão se resolve num falso problema, ou numa questão de gosto: particularmente, eu sou palmeiren-se. Diáspora ou Torre de Babel? Que diria — para pro-duzir uma anedota simétrica à primeira — um filóso-fo inglês, preocupado com a mesma questão, ao ler o parágrafo seguinte (que me permito ler integralmen-te) de um discurso de Derrida, inaugurando o *Grupo de Pesquisa sobre o Ensino da Filosofia*, O GREPH? O autor propõe-se, após 15 anos de prática, a interro-gar-se retrospectivamente sobre o seu sentido, sobre a ligação entre a filosofia, seu ensino e sua reprodu-ção no interior de uma instituição bem precisa. Não, é óbvio, sem sugerir que esse atraso da reflexão é, no fundo, apenas aparente:

"Daquilo que chamarei, para abreviar, meu lugar ou meu ponto de vista, há muito era evidente que o trabalho em que me empenhara — chamemo-o, por álgebra, a des-construção (afirmativa) do falogocen-trismo como filosofia — não pertencia simplesmen-te às formas da instituição filosófica. Esse trabalho, por definição, não se limitava a um conteúdo teórico, quer cultural, quer ideológico. Não procedia segundo as normas estabelecidas de uma atividade teórica. Por mais de uma característica e em momentos estratégicos, devia recorrer a um "estilo" insuportável para um corpo de leitura universitário (as reações "alérgicas" não se deixaram esperar), insuportável mesmo em lugares onde se acredita estar fora da universidade. Como se sabe, não é sempre na universidade que domina o "estilo-universitário". Ocorre que cola na pele dos que a abandonaram e mesmo de alguns que jamais nela entraram. Este trabalho atacava a subordinação ontológica ou transcendental do corpo significante em relação à idealidade do significado transcendental e à lógica do signo, à autoridade transcendental do significado como do significante, portanto, àquilo que constitui a essência mesma do filosófico. Era, assim, há muito tempo, necessário (coerente e programado) que a desconstrução não se limite ao conteúdo conceitual da pedagogia filosófica, mas que envolva a cena filosófica, a todas as suas normas e formas institucionais, como a tudo que as torna possíveis."

Aqui não é mais, nos termos do humor britânico a exterioridade arquitetônica e institucional da universidade que abre ou fecha o campo do pensamento.

Pelo contrário, numa afirmação bem mais ousada, é o fechamento (ou a clausura) da metafísica (que aqui recebe o belo nome de "falogocentrismo") que é descoberto nos alicerces do prédio e na figura da instituição. Nem mesmo a topologia da sala de aula — teatro e cena, onde o *repetiteur* desempenha seu papel — é compreensível sem a arqueologia que descobre suas raízes histórico-transcendentais. Mas ainda, esse desenho do "corpo docente" (já que não se trata propriamente de uma autocrítica) não ignora, para além do procedimento arqueológico (e, segundo o autor, por isso mesmo), sua inscrição no presente, no jogo de forças, poderes, que o situam na fronteira em que as pulsões dos inconscientes vêm inscrever-se diretamente no corpo social. Tudo isso se compreende à leitura, mesmo se o texto não se fecha, terminando em aberto, sem que o leitor saiba escolher entre as reticências e o ponto de interrogação. Como a questão é a nossa, permito-me ler mais um parágrafo, este mais curto:

"Os efeitos de corpo que desempenho — mas vocês percebem hem que quando eu diz eu, vocês já não sabem bem, agora, quem fala e a quem esse *eu* remete, se há ou não assinatura de ensinante, pois pretendo também descrever em termos de essência a operação do corpo anônimo no movimento ensinante, fingindo supor ou fazer crer que meu corpo é aí indiferente: ele não existiria, não estaria *aí*, senão para representar, significar, ensinar, liberar signos ao menos de dois outros corpos. Quais..."

O texto, evidentemente, não é claro. E tem a virtude de dissolver todas as oposições de que parte. (Guardemos o que há de mais simples: ao longo do discurso, os limites entre a universidade e o extra-universitário tendem a apagar-se, senão a inverter os polos em oposição. É de dentro da universidade que a des-construção do falogocentrismo destrói, ao mesmo tempo, o "estilo-universitário". O corpo leitor, que saiu ou que não entrou sequer na universidade (penso aqui em M. Homais), este sim, traz colado irremediavelmente à sua pele o "estilo-universitário". Como entender essa oposição? Não seria o tom elevado da des-construção (que tem como limite e tema a *morte*, com tudo que ela implica de tortuoso e de misterioso), que se opõe aqui à platitude da linguagem universitária, em tudo que ela tem de chão. Como, na linguagem corriqueira de todos os dias enunciar a proposição fundamental de nosso autor: a essência da morte é a morte da essência? Dificuldade que apontamos *cum grano salis*.

Mas, comentando esses dois textos e estas duas interpretações das relações entre a produção da filosofia no seio da universidade, nós acabamos por descarrilhar, abandonando o coração de nosso tema. Nós acabamos por deslizar, junto com Derrida, na direção de uma questão de estilo e de uma concepção muito particular da história da filosofia. É tempo de voltar atrás e, sobretudo, de insistir no plural, com que transformamos a formulação inicial do tema. Vejamos, por exemplo, em transparência, através do tema do *estilo*, o que é *universitário* e *anti-universitário*. A dispersão geográfica a que já aludimos (e que deixa indiferente Derrida), há que somar a dispersão histórica que ele próprio não ignora: a cada figura histórica de universidade, corresponde um tipo de filosofia livre que se lhe opõe. (Lembremos, com o texto de Kant inscrito em epígrafe, que o adjetivo livre não vem necessariamente afetado de sentido positivo).

Aqui, infelizmente, não podemos fazer economia de um breve esquema — caricatura de circunscrição histórica — condição indispensável de fazer avançar, um pouco que seja, nossa discussão. Pouparemos aos auditores as considerações óbvias sobre a crítica da Escola do Renascimento, com Montaigne, Rabelais, Erasmo, etc... Os manuais de história da Pedagogia estão ao alcance de todas as mãos. Passemos diretamente a Descartes e à ideia de que a constituição da verdadeira filosofia é condicionada à ruptura com a instituição e com a prática professoral — esse espaço onde triunfam a memória e o pré-conceito. Obra solitária da razão natural, a filosofia se constitui necessariamente fora dos muros sombrios da escola, desqualificando o trato técnico-professoral dos textos antigos contra a tradição nascente da Filologia, para Descartes, o único texto da Filosofia é O grande livro do Mundo. O filósofo puro é o avesso do professor, ele é o bom *idiota*, o inimigo do pedante, a mesma figura prefigurada por Sócrates com a ideia da douta ignorância. Nem o contacto de Descartes com cientistas e pensadores de seu tempo, no exterior da instituição universitária, diminui o caráter essencialmente solitário de sua caminhada, da *promenade* desse *chevalier qui partit d'un si bon pas*. Testemunho, o texto comentado por G. Lebrun em seu livro sobre Kant, duma carta a Balzac de 5 de maio de 1631: "Nesta grande cidade em que me encontro, não havendo homem algum além de mim que não exerça a mercadoria, cada um está de tal modo atento ao seu interesse (lucro, *profit*), que poderia permanecer aqui toda a minha vida sem ser jamais visto por ninguém. Passeio todos os dias entre a confusão de um grande povo, com tanta liberdade e repouso como poderíeis fazê-lo em vossas alamedas, e não considero de outra maneira os homens que aí vejo, do que o faria diante das árvores que se encontram em vossas florestas ou diante dos animais que nela se alimentam".

A oposição do gentilhomem de Poitou à instituição da escola vai, com o tempo, transformar-se, culminando no século XVIII numa nova pedagogia, numa crítica sistemática da instituição universitária, na ideia radical de que essa reforma talvez tenha de passar pela destruição. Mas, para os filósofos desse período, para os *Philosophes*, este projeto de reforma só é possível porque dispõem de uma outra instituição, exterior à universidade, que funciona como modelo ideal da produção e da transmissão dos conhecimentos — falo das Academias Científicas. Diderot e Condillac são dois nomes, entre outros, a guardar quanto a este artigo. Fiquemos apenas com o segundo, no curto parágrafo que se segue, e de onde retiramos a frase inscrita no liminar de nossa exposição:

"Constituíram-se estabelecimentos para o avanço das ciências que só merecem nossos aplausos. Mas eles não teriam sido necessários, se as universidades tivessem sido adequadas a esse fim. Parece que se descobriu os vícios dos estudos, sem descobrir-lhes os remédios adequados. Não basta fazer bons estabelecimentos: é preciso ainda destruir os maus, ou reformá-los segundo o modelo dos bons, ou . sobre o melhor deles, se possível".

A construção da filosofia não mais é obra do *cogito* solitário e passa a modelar-se segundo os cânones da colaboração entre os cientistas — da república do saber. Esta crítica opõe uma boa a uma má base institucional do saber: o saber em si mesmo, a boa direção de seu desdobramento necessário, o valor da cultura que ele anima e da sociedade que nela se exprime — nada disto é posto em questão por Condillac. Tudo se passa, enfim, como se o problema da inscrição institucional do discurso filosófico fosse exterior ao espaço da própria filosofia — questão apenas de remanejamento pedagógico. As academias, a república científica, oferecem o modelo de uma instituição co-natural ao pensamento, instrumento dúctil e instituição transparente, lugar donde a luz da filosofia pode espraiar-se sem problema para a totalidade do social.

Mas é a homogeneidade do corpo social e o valor mesmo da cultura que vão ser postos em questão pelo pensamento do século XIX, abrindo o espaço de uma nova crítica da universidade. A sociedade, ela própria, se transformou dos pés à cabeça, e nela, a função da universidade — começa, entre outras coisas, a eshoçar-se o perfil daquele personagem que mais tarde será designado pela expressão *chien de garde*. Obra do Estado, a Universidade transforma o professor-filósofo em funcionário. Mas — mais importante — é a própria ideia da filosofia que se transforma, com o fim da filosofia das luzes. É o que transparece de maneira exemplar num longo parágrafo de Nietzsche, que me permito ler, dada sua extrema importância para nosso problema. Trata-se de um texto extraído das *Considerações Extemporâneas* onde, a propósito de *Schopenhauer Educador*, Nietzsche sobrepõe a discussão da prática do filósofo-professor-funcionário a uma crítica geral da Cultura. O texto parte da discussão do "escrúpulo" que desperta a relação entre o filósofo e seu *empregador*, seu novo senhor, O Estado:

"Tal é o escrúpulo: mas, como tal, sem dúvida, para homens como eles agora são, é o mais fraco e o mais indiferente. A maioria se contentará com sacudir os ombros e dizer: 'Como se alguma vez algo de grande e de puro pudesse permanecer e firmar-se nesta Terra, sem fazer concessões à baixeza humana! Preferis então, que o Estado persiga o filósofo, em vez de lhe pagar estipêndio e tomá-lo a seu serviço?'. Sem responder já a esta pergunta, acrescento apenas que essas concessões da filosofia ao Estado atualmente já vão muito longe. Primeiramente: o Estado escolhe para si seus servidores filosóficos, e, aliás, tantos quantos precisa para seus estabelecimentos; dá-se, pois, a aparência de poder distinguir entre bons e maus filósofos e, mais ainda, pressupõe que sempre há de haver *bons* em número suficiente para ocupar com eles todas as suas cátedras de ensino. Não somente no tocante aos bons, mas também ao número necessário de bons, é ele agora a autoridade. Em segundo lugar: ele força aqueles que escolheu para si a estadia em um determinado lugar, entre determinados homens, para uma determinada atividade; devem instruir todo jovem acadêmico que tiver disposição para isso, e aliás diariamente, em horas fixas. Pergunta: pode propriamente um filósofo com boa consciência, comprometer-se a ter diariamente algo para ensinar? E a ensiná-lo diante de qualquer um que queira ouvir? Ele não tem de se dar a aparência de saber mais do que sabe? Não tem de falar, diante de um auditório desconhecido, sobre coisas das quais somente com o amigo mais próximo poderia falar sem perigo? E, em geral, não se despoja ele de sua mais esplêndida liberdade, a de seguir seu gênio, quando este a chama e para onde a chama? — por estar comprometido a pensar publicamente, em horas determinadas, sobre algo pré-determinado. E isto diante de jovens! Um tal pensar não está de antemão como que emasculado? E se ele sentisse um dia: hoje não consigo pensar nada, não me ocorre nada que preste — e apesar disso teria de se apresentar e parecer pensar."

Como estamos longe dos projetos positivos de Diderot propostos na Rússia! O que é importante notar neste texto, é que não se trata de uma crítica apenas da máquina universitária, como pouco adequada ao exercício do pensamento. Através da figura do Estado, enunciador último ou primeiro dos juízos de valor, é a totalidade da sociedade e da cultura que é colocada em questão. Não é uma máquina escolar emperrada que produz falsos conhecimentos, mas a máquina social que está condenada a secretar uma cultura morta. A crise da universidade, para Nietzsche, é um efeito de superfície, pequena Tuga na face mais visível das águas, mas que revela uma tormenta que se desencadeia nas águas mais profundas e que não deixa intacto o valor da cultura e da filosofia. Doravante, o pensamento passa a ser lido em função das redes institucionais que o filiaram: um vale o que outro *vale*, e nenhuma instituição é inocente.

Alguém poderá dizer neste momento: — Todo esse raciocínio participa da vaga da ideologia francesa contemporânea e de sua fraseologia utópico-libertária, subproduto tardio do romantismo. Uma metafísica da transgressão, acompanhada de uma sociologia da repressão: anarquismo, irracionalismo (a expressão nihilismo perdeu sua força de injúria), toda uma série de insultos abre espontaneamente os lábios do leitor comum. Mas, atenção!, com Nietzsche, visar os mecanismos anônimos da reprodução da cultura, não significa fazer o elogio da subjetividade livre e irresponsável. A crítica não é feita, mesmo se o seu objeto é o horizonte da modernidade, de um topos ouranos exterior à história e a utopia não ignora os traços firmes da topologia do presente — o único horizonte de que dispomos. O tema constante da montanha e da ascenção, nos escritos de Nietzsche não contradiz a proposição anterior. Há, segundo ele, um bom uso da decadência, e uma estratégia na inversão das instituições, como dos valores. Em algum lugar, ele diz: "Preferia ser Professor em Bãle a ser Deus". Deixo suspenso o sentido dessa frase...

Esqueçamos Nietzsche, e voltemos mais uma vez a Rosseau, que, de alguma maneira, é precursor. Este outro crítico precoce de nossa modernidade, advertia, no prefácio de Narciso, que a crítica da cultura não equivale à sua destruição, que a genealogia das instituições não significa necessariamente negação absoluta. Criticar o uso social do saber não quer dizer que seja necessário: "prescrever rapidamente a ciência e os sábios, queimar nossas bibliotecas, fechar nossas academias, nossos Colégios, nossas Universidades, mergulhar novamente em toda a barbárie dos primeiros séculos".

A história nos ensinou que essa proeza destrutiva é menos obra de pensadores solitários, do que de grupos organizados — aqui e ali, ontem e hoje.

Mais uma vez, é preciso reconhecer: nós descarrilhamos. Percorrendo algumas figuras da crítica das instituições do Saber, não fomos muito longe. A nossa maneira indireta, reencontramos as sólidas verdades do senso-comum: nenhuma instituição é perfeita ou absolutamente má, algumas, ao menos, abrem o espaço do pensamento e da produção da cultura. Nem sempre a solidez do senso-comum é boa garantia. A começar, porque falamos, aqui, em São Paulo, de Descartes, de Rousseau e de Nietzsche — referência necessária, mas não suficiente. Falamos da inscrição institucional do discurso filosófico — mas onde? Nosso discurso não estaria fora do lugar?

Nossa questão é a filosofia no Brasil, na PUC, na USP, na UNESP, no Cebrap. São essas as instituições que servem de horizonte à pergunta que nos é proposta. Não sou historiador, mas lembro um parágrafo dos *Tristes Trópicos* sobre a fundação da USP, assim como uma entrevista recente de Antonio Cândido, cedida à revista da Faculdade de Assis. Tanto num caso como no outro (assim como num velho texto de Mário de Andrade), torna-se evidente a *revolução* que implicou, no nosso pensamento, a instalação da instituição universitária, com a colaboração, tanto externa como eficaz, da universidade europeia. Situando as ideias no lugar histórico, a reflexão sistemática sobre a dialética entre saber e instituição perde um pouco de sua virulência teórica. No Brasil, voltando ao vocabulário de Kant, a cultura escolar precedeu a cultura livre. E isto foi bom, mesmo quando cauterizou algumas feridas do pensamento, que prometiam virulência maior. É por isso que a relação entre pensamento e instituição não tem aqui o mesmo sentido que tem, hoje, na França — e é essa razão do efeito cômico, para nós, de textos como os de Derrida que citei acima. Aqui, a instalação da escola precede e condiciona o exercício do pensamento — ela tornou possível a passagem do puro consumo da filosofia a um esboço de produção. Aqui, ali, modestamente — mas a descrição de Lévi-Strauss já não é mais perfeitamente correta. Não há, é claro, uma filosofia brasileira, mas há, já, livros de filosofia, mais de um, de alcance planetário, capazes de interessar os melhores especialistas europeus. Além da universidade, mais recentemente, outras instituições, por razões históricas precisas, retomaram essa função. Dupla função: produzir, ao mesmo tempo, produtores e consumidores de cultura. Pois a crítica do elitismo de uma ou outra instituição ignora um fato fundamental: além de produzir, na medida do possível, ciência, cultura e filosofia, elas produzem consumidores dessa matéria — condição indispensável para a re-produção da produção.

Terminamos, assim, depois de longo périplo, pelo elogio das instituições — pelo menos no Brasil, que é o que nos importa. Mas, desde o início dizíamos que a má solução era optar pelo *pró* ou pelo *contra*. Que me seja, então, permitido, para encerrar, o elogio do diletante — literalmente, aquele que gosta, o amador. Um livro de Oswald de Andrade traz o belo título de: *Um Homem sem Profissão*. Ou sem ofício, como diz Rousseau na frase citada no início desta exposição — que só pensa ou escreve quando é necessário, isto é, quando o *prazer* de fazê-lo é forte demais. Para além de sua inscrição institucional, do *effrayant appareil* da filosofia, podemos inverter a frase de Kant: "Só a cultura escolar é séria, mas a cultura livre é o mais belo dos jogos".

Há quarenta anos atrás, na sua conferência sobre *A Crise da Humanidade Europeia e a Filosofia*, Husserl dava uma resposta positiva e forte a essa mesma questão que nos é proposta hoje. Crise da humanidade ou crise da Filosofia? É só dentro do contexto da crise que a questão, enquanto tal, pode emergir. Em séculos mais felizes, como diria Merleau-Ponty, a pergunta não teria lugar e, se a Filosofia podia ser ocasião de riso, ela o era para a própria Filosofia. Falando depois e de dentro da Crise, Husserl pretende sair do círculo que ela desenha — trata-se de voltar à segurança do solo perdido e, mais ainda, de reatar, com mais firmeza do que jamais no passado, com o fundamento absoluto.

A crise aparece, antes de mais nada, como crise da Europa, e é ela que obriga à justificação ou à reiteração da Filosofia; a reflexão sobre a crise da Europa dá o *porquê* do Filósofo, atribuindo-lhe uma função mais do que nobre. Dizendo de outra maneira, é do exame dos descaminhos da Filosofia, da incapacidade provisória do Filósofo de coincidir com sua própria função, que se retira o sentido da crise da Europa. Esta crise, é certo, aparece quase ao nível do acontecimento, e os "sintomas do perigo mortal" são legíveis no presente político imediato, na forma do Nazismo — não é apenas como filósofo que fala Husserl, mas também na difícil condição de alemão e "não-ariano". Mas é a longa história da destruição da Razão, ao longo de toda a modernidade, que Husserl vai desentranhar desse presente imediato.

A Europa e a Filosofia são uma e a mesma coisa; um único destino as atravessa, desde o nascimento simultâneo de ambas na Grécia. O aparecimento, nos séculos VII e VI a.C. da Grécia Antiga, de um novo estilo de cultura é mais do que um acontecimento histórico-cultural; de dentro de uma história local, ele abre um tempo e um espaço novos e inicia, por assim dizer, a *verdadeira História* (ou a história da Verdade). Com a *forma da teoria*, o que emerge então é o olhar livre que dissolve os entraves da tradição que percorre as coisas na busca do fundamento, é a preocupação do universal. *Ur*-fenômeno, o nascimento da Filosofia (e/ou da Ciência) forma uma nova humanidade e fecha o campo e o destino de toda humanidade futura. De uma certa maneira, o nascimento da Filosofia tem o mesmo alcance, marca um salto tão fundamental quanto a irrupção da humanidade (do ser vivo dotado de razão) no seio da Natureza: a liberdade teórica com que a humanidade europeia nascente pode dispor do mundo como sistema de objetos implica num corte tão profundo como o da liberdade prática da humanidade natural, que emerge da trama da vida animal; o filósofo está para o homem como o homem para o animal. Como para Hegel, o advento do Infinito (aqui, o infinito como tarefa interminável da Razão) faz da Europa o Ocidente Absoluto, e do Filósofo, o funcionário da Humanidade.

Imediatamente coloca-se o problema da relação entre a Filosofia e a não-Filosofia, ao mesmo tempo como conflito e como tarefa pedagógica. O livre Saber não permanece na esfera dos profissionais do Saber e a sua divulgação implica no conflito entre o universal e o nacional: a *Aufklärung* assume desde logo uma figura política. É o que diz Husserl: "É claro que (com a *Aufklärung*) não se produz simplesmente uma transformação homogênea da vida do quadro do Estado Nacional, a vida não permanece normal, inteiramente pacífica, mas vêem-se nascer, verossimilmente, graves tensões internas que jogam essa vida e o conjunto da nação num estado de subversão. Os conservadores, satisfeitos na tradição, e o círculo dos filósofos vão combater-se mutuamente, e seu combate há de repercutir no plano das forças políticas. Desde o início da Filosofia, começam a perseguir, a desprezar os filósofos (...) Assim a subversão da cultura nacional pode ampliar-se, inicialmente à medida em que a ciência universal, ela própria em vias de progresso, se torna um bem comum de nações antes estranhas umas às outras, e que a unidade de uma comunidade científica e cultural atravessa de ponta a ponta a multiplicidade das nações"[1]. Quaisquer que sejam, pois, os obstáculos que encontra a Razão em seu movimento de expansão, a Pedagogia parece dispor de recursos para vencê-los: a teleologia aberta pelo advento da Filosofia parece tender a inscrever-se na História efetiva.

Mas se o telos da própria História é instaurado pelo ideal da Razão, como explicar a crise contemporânea e o descarrilhamento da *Aufklärung*? *Aufklärer* de segundo grau, Husserl distancia-se da Ilustração *histórica* e vai buscar a origem da crise numa *alienação* da Razão, cuja responsabilidade incumbe ao próprio racionalismo moderno: "A crise, diz Husserl, poderia esclarecer-se se nela discerníssemos *o malogro aparente do racionalismo*. Se uma cultura racional não vingou, a razão (...) não está na própria essência no naturalismo e no objetivismo"[2]. Não cabe retornar

1 E. Husserl, *La Crise de l'Humité Européenne et la Philosophie, Revue de Métaphysique et Morale*, nº3, 1950, p. 243-4.
2 Ibid., p. 258.

aqui a crítica que Husserl endereça ao naturalismo e ao objetivismo, bastando lembrar que neles denuncia o esquecimento da exigência *lógica* do fundamento absoluto e a cegueira quanto a natureza *ontológica* do fundamento. É a cegueira diante da autarquia ontológica da consciência — ou do ser-derivado do natural — que está na origem da alienação da razão. Na formulação breve da conferência: "O espírito, e mesmo só o espírito, existe em si e para si; apenas ele repousa sobre si e pode, no quadro dessa autonomia e apenas nesse quadro, ser tratado de uma maneira verdadeiramente racional, verdadeira e radicalmente científica."[3] O Filósofo só pode guiar a construção de uma cultura racional porque ou se a Filosofia se instala finalmente como Ilustração absoluta, como verdade científica do espírito que fundamenta a verdade científica da natureza. Conhecimento e moralidade convergem espontaneamente: suprimindo a *naturalidade* da atitude natural, esta *ciência* é ao mesmo tempo a descoberta do verdadeiro elemento da liberdade e do espírito. Esta descoberta é, ao mesmo tempo, diagnóstico da crise em que se perdeu a Razão moderna e indicação do caminho que permite superá-la. Ao filósofo cabe justamente, contra a barbárie ascendente,

3 Ibid. p. 255.

"ressuscitar a Fênix de uma nova interioridade viva, de uma nova espiritualidade", reconstruir a ciência, devolver os homens ao horizonte do universal, reativar, enfim a missão humana do Ocidente.

Esta elevada missão do Filósofo, guardião do verdadeiro destino da Humanidade, depende assim de uma ideia muito exigente da Filosofia como *ciência rigorosa*. Nesta perspectiva, basta que trema a evidência de um acesso às "coisas elas mesmas" para que o filósofo perca a sua função "arcôntica" — para que se torne problemático o privilégio absoluto a Europa na História e da Humanidade no mundo da vida. E é no próprio interior do movimento fenomenológico que despertou a suspeita de que a Fenomenologia não escapa, de alguma maneira, às críticas que endereça às formas anteriores do racionalismo. Lembro aqui de um texto de Eugen Fink, que tem como título *A análise intencional e o problema do pensamento especulativo*. A Fenomenologia pretende — e é esta pretensão que E. Fink discute — deixar de lado o arbítrio da *interpretação metafísica* dos entes e limitar-se à exploração de sua geografia patente, renunciar à iniciativa do discurso especulativo e dar a palavra às próprias coisas. Mas, ao fazer do espírito ou da consciência o verdadeiro ser em si e para si, transformar o sujeito no absoluto não nos faz passar necessariamente para o campo da *interpretação metafísica*? E esta questão não é a única: pode-se perguntar também pela possibilidade do acesso ao pré-conceitual, pré-teórico e pré-predicativo. Existe a coisa, anterior a todo discurso? "Quando vemos uma pomba voando, estamos longe de simplesmente ver"[4] Podemos, é certo, purificar a coisa, retirar dela muitas camadas de significação, sobre ela depositadas pela práxis e pela teoria. Podemos, por exemplo, recobrar, entre o céu e a terra, algo de um olhar pré-coperniciano, esquecer a forma e a posição da terra no sistema planetário. Mas não podemos, diz E. Fink, eliminar a "estrutura categorial da coisa". "O trabalho ontológico de toda a história da Filosofia ocidental permanece presente na estrutura da coisa. Na menor pedra de um campo, na nuvem que, furtiva, passa no firmamento, por toda parte se abrigam os pensamentos de Platão e Aristóteles, de Leibniz e de Hegel — por toda parte se encontram presentes a estrutura, o esquema ontológico, segundo o qual cada ente é o que ele é".[5]

O privilégio do Filósofo — o seu *porquê* — está assim suspenso à possibilidade de um *começo abso-*

4. Cf. Rubens Rodrigues Torres Filho, *A virtual dormitiva de Kant*, Revista Discurso, nº 5, 1974, p. 29.
5 E. Fink, *L'Analyse Intentionelle et le Problème de la Pensée Spéculative*, in "Problèmes Actuels de la Phénoménologie", Desclée de Bouwer, 1952, p. 67.

luto, à sua liberdade de não continuar uma tradição[6]. A possibilidade desse começo ou dessa ruptura está ligada — no cruzamento da redução filosófica e da redução transcendental — à neutralização da postura natural, que marca a diferença entre o Filósofo e o Homem. Mas a própria postulação desse terreno, absolu-

6 Cf. a crítica, semelhante à endereçada por E. Fink a Husserl, feita por G. Lebrun à pressuposição "positivista" de um solo neutro, anterior a qualquer escolha meta- física: "On sait à quel grief nous exposent ces lignes: présenter la métaphysique, non comme une efflorescence culturelle, ma is comme un champ de significations originelles et indéductible (où s'inscrit, parmi d'autres, la signification "culture"), n'est-ce pas un paradoxe assez grossier ou, pour le moins, sans interêt? Sans nul doute, mais à condition que l'on se place dans la perspective du positivisme — entendu au sens large, mais précis — que M. Vuillemin donne à ce mot à la fin de la Philosophie de l'Algêbre: possibilité de se placer sur un terrain "à la fois neutre et absolu; neutre en ce qu'il est entièrement étranger aux choix et aux querelles des théories métaphysiques, absolu en ce qu'un autre choix du systéme des principes est a priori impossible pour un être raisonnable en général". Or, comme cette certitude de pouvoir atteindre un fondement libre de tout présuposé reprend l'espérance d'une instauration définitive de la "science", elle est également exposée à I'échec qui fut toujours le lot de ces tentatives; en fait, elle élimine trop hâtivement "le métaphysique", complexe de significations qui peut bien être transposé ou même "détruit", mais avec lequel il est impossible d'en finir une bonne fois. L'élément métaphysique n'est autre chose que 'impossibilité pour le philosophe de n'être pas un continuateur, le mouvement souple d'une tradition qui réapparaít en se jouant à travers cela même qui prétend la clore: sil y a une unité de l'histoire de la philosophie, en deçã des ruptures effectuées par les grands fondateurs, n'est-ce pas que ceux-ci opérent toujours, d'une façon ou d'une autre, dans le champ qu'ils prétendent surplomber entièrement? " *Kant et la Fin de la Métaphysique*, A, Colin, 1970, p. 503-4.

tamente neutro que se desdobra finalmente, ao termo da conversão filosófica, como campo de coisas puras de toda interpretação, não nos sugere algo como o reaparecimento, sublimado, do senso-comum? E se fosse o mesmo, a *doxa*, que nós reencontramos no campo originário da Ur-doxa? Desconfiar do começo absoluto não é necessariamente assumir a perspectiva de Eudoxo (a representação "externa" da Filosofia) na sua polêmica interminável contra Epistemon. Deleuze sugere, pelo contrário, com essa desconfiança, a suspeita de que Epistemon e Eudoxo falam a mesma linguagem."[7]

Mas, se a diferença: entre o filósofo e o não filósofo, entre a atitude natural e a teórica, não é assim tão clara, a ideia da teleologia da Razão é igualmente problemática, assim como a Filosofia da História que ela fundamenta. Se o solo da reflexão filosófica é fluido e envolve uma historicidade que ela não pode dominar, como pensar a História como *tarefa*? Mas a *diferença* pressuposta é mais inquietante. O que me confunde é uma frase da conferência, onde Husserl diz: "A Razão é um termo muito vasto." Não pela tolerância que ela implica, ao nível da ideia geral de racionalidade, mas pelo rigor que mostra, no estabelecimento dos limites

7 Cf. G. Deleuze, *Différence et Répétition*, P.U.F., 1968, p. 169-181.

da Antropologia. Husserl continua: "Segundo a antiga e excelente definição, o homem é o ser vivo dotado de razão; neste sentido largo, o Papua é homem e não um bicho."[8] Husserl insistira, antes, que, por essência, não há uma Zoologia dos Povos,[9] mas a fronteira afirmada entre ós homens e os bichos acaba por se repetir entre formas diferentes de humanidade. Não é por ser explícito que o etnocentrismo do Filósofo (A Europa é o único ocidente absoluto) deixa de ser etnocêntrico.

Cabe perguntar, neste momento, se a Ótica da Aufklärung pode dar conta da crise que transforma em tema próprio, do ressurgimento da barbárie no interior da própria civilização. O que se pode perguntar é se a Aufklärung não deixa necessariamente de perceber que a existência da crise é a prova da dificuldade em reconhecer a plena humanidade das *outras* humanidades não roubaria a Husserl a distância necessária ao reconhecimento do ritmo próprio da Crise? Se lembrarmos de Rousseau a propósito desta questão, não é por efeito de uma mania. Se Rousseau rompe com a Filosofia, é justamente porque vê nela, na cumplicidade entre o *humanismo* e o *etnocentrismo*, a raiz da crise da Europa. Seria necessário sugerir que

8 E. Husserl. Op. cit., p. 247.
9 Ibid., p. 236.

Rousseau e Husserl falam da mesma crise? É inútil retomar a crítica que Rousseau faz à Civilização como *Barbárie verdadeira*. Basta lembrar que a genealogia do mal se instaura com a distância que torna possível ao homem um comportamento técnico em relação à Natureza e ao Outro. Deixemos Rousseau em seu século: mais recentemente, retomando o problema de Husserl, e ainda no horizonte da guerra e do Nazismo, Adorno e Horkheimer reproduzem o mesmo processo da Aufklärung e fazem o mesmo diagnóstico da crise.[10] Para eles também uma profunda cumplicidade une a luz da razão à treva do preconceito. Para Adorno e para Horkheimer, também, o sistema de diferenças que torna possível, ao mesmo tempo, a Razão e a Barbárie, passa pelo destino do poder na modernidade. O essencial da alienação da Razão não se dá como descaminho teórico, erro, mas como efeito da inserção social do saber, de seu imbricamento no mecanismo da divisão do trabalho e no jogo do poder. O processo não começa com o saber ou com o não saber, mas com a equação moderna: Saber é Poder. É porque a Razão tornou-se assim "totalitária" (Adorno e Horkheimer), e não porque se afundou no pântano

10 Max Horkheimer e T. W. Adorno, *La Dialectique de la Raison*, Ed. Gallimard, 1974.

do naturalismo, que ela perdeu sua "consciência de si", ou a simpatia do não-filósofo.

O mal-estar *na* Filosofia aumenta: sem a glória do saber rigoroso (de que se fala, no entanto), sem nenhuma tarefa grandiosa a seu alcance, o filósofo torna-se suspeito de colaborar, sem o saber, com o curso da barbárie. Mas por que, então, o filósofo? Talvez ele se justifique, transformando sua impossibilidade na sua própria razão.

Atacar certezas é um exercício vão? Não, na medida em que sustenta algo mais do que o discurso. Professor universitário, enquanto é possível, depois de ter sido guia da humanidade, e mesmo limitado ao que se chama de História da Filosofia, o filósofo pode, pelo menos, abrir um espaço de indeterminação no fluxo coletivo do discurso, ensaiar a possibilidade de uma contra-dicção. O paradoxo é transformar a impossibilidade em necessidade: talvez seja nesse sentido que Rousseau, depois de criticar a filosofia, diz: "precisaria de uma [filosofia] para mim"[11]. Mas, para que o paradoxo não se dissolva em puro absurdo, é preciso que, despojado de sua função arcôntica, o filósofo encontre alguma graça na sua adesão à função contrária, anarcôntica.

11 O.C.1, *Les Rêveries du promeneur solitaire*, Troisième Promenade, p. 1016 [ed. Bras.p.45].

Por que não? Perguntaria o Sofista. Mas, sobre a figura do sofista, pesa ainda a condenação metafísico-moral enunciada por Platão e Aristóteles. E isso é uma outra história, que nos obrigaria a passar, mas longa e penosamente, pela ideia de História e pela ideia de Filosofia.

Cadernos Ultramares

www.ingramcontent.com/pod-product-compliance
Lightning Source LLC
LaVergne TN
LVHW051106180726

843512LV00020B/1624